...IÈQUE L. CURMER.

ENSEIGNEMENT MORAL.

VIE

DE

FRANKLIN

PAR

M. Frédéric LOCK,

Membre de la Société de l'Histoire de France.

Adopté par l'Association pour l'Éducation populaire.

10 centimes.

PARIS.

...IRIE DE L. CURMER,

...e Richelieu, 47, AU PREMIER.

1851

ASSOCIATION
POUR L'ÉDUCATION POPULAIRE

L'Association pour l'éducation populaire a pour but de contribuer au développement de l'éducation et de l'instruction du peuple. Elle se propose, pour y arriver, d'employer les moyens suivants :

Provoquer la composition ou la traduction de traités élémentaires des sciences les plus utiles, de manuels technologiques, de récits moraux et instructifs, de traités des devoirs et des droits des citoyens ;

Appeler des dons et des souscriptions, et en employer le montant à la distribution gratuite de livres spéciaux dans les ateliers, dans les établissements agricoles, les écoles régimentaires, aux convalescents des hôpitaux civils et militaires, aux détenus, et aussi dans les écoles primaires et les ouvroirs ;

Publier des programmes d'ouvrages destinés à réaliser ses vues, et décerner des prix aux auteurs qui auront le mieux rempli les conditions de ces programmes ;

Encourager la formation de bibliothèques communales ;

Lutter contre le colportage des mauvais livres et y substituer la distribution des livres adoptés par l'Association, en donnant des primes aux colporteurs ;

Établir des correspondances avec les maires des communes, les ministres de tous les cultes, les instituteurs primaires, les associations religieuses et charitables ;

Provoquer l'établissement de comités dans les départements et la formation de sociétés de dames, qui distribueront les livres dont l'Association aura la disposition.

L'Association appelle le concours de collaborateurs dont les mille premiers recevront le titre d'*associés fondateurs*. Une cotisation mensuelle de QUATRE FRANCS sera payée par eux, et leur donnera droit à la remise gratuite de *quarante petits volumes du prix de dix centimes*, qu'ils distribueront selon leur volonté.

L'Association admet en outre tous les dons et souscriptions qui lui sont adressés, et dont l'emploi a lieu en distributions gratuites des ouvrages approuvés par elle.

Les adhésions et souscriptions doivent être envoyées *franco* à l'AGENT GÉNÉRAL DE L'ASSOCIATION, rue Richelieu, 47 (ancien 49).

BIBLIOTHÈQUE L. CURMER.

ENSEIGNEMENT MORAL.

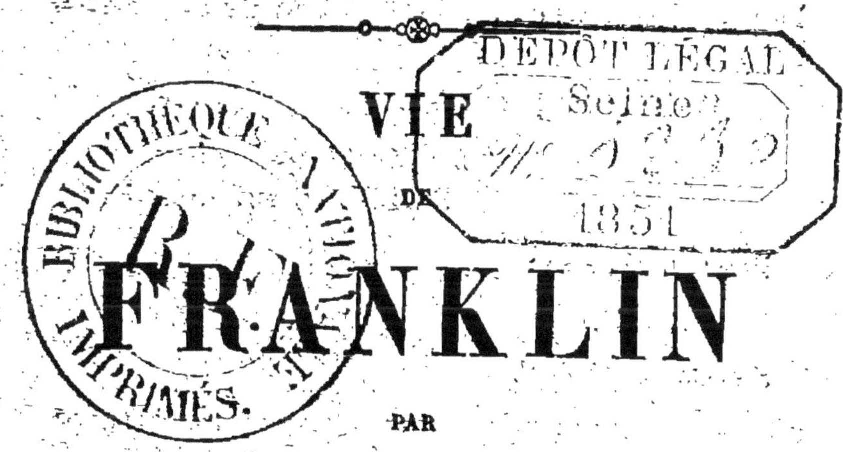

VIE DE FRANKLIN

PAR

M. FRÉDÉRIC LOCK,

Membre de la Société de l'Histoire de France.

Adopté par l'Association pour l'Éducation populaire.

PARIS.

L. CURMER.

Rue de Richelieu, 47, AU PREMIER.

1851

ASSOCIATION
POUR L'ÉDUCATION POPULAIRE.

L'Association pour l'éducation populaire, approuve l'impression de l'ouvrage intitulé **Vie de Franklin**, par M. Frédéric Lock.

Paris, le 1er Mars 1851.

Le Vice-Président,
D'ALBERT DE LUYNES.

Pour ampliation :

LOCK,

Secrétaire général.

La **Bibliothèque L. Curmer** est destinée à enserrer dans un vaste réseau de publications *tout* ce qui touche à l'**Enseignement universel**, à l'**Enseignement moral** et à l'**Enseignement élémentaire**. Sous le premier titre, elle abordera toutes les questions qui dérivent de la Constitution ; sous le deuxième, elle comprendra une série d'histoires et de récits instructifs et amusants ; sous le troisième, elle donnera des notions de toutes les sciences.

Elle fait un appel à l'*intelligence*, en la conviant à répandre ses bienfaits sur tous ceux qui ont besoin d'apprendre ; à la *richesse*, en l'engageant à populariser ces petits écrits et à les distribuer avec la profusion qu'ils méritent par leur but et leur importance ; aux *travailleurs*, en leur offrant un moyen sûr et peu dispendieux d'acquérir sans peine toutes les connaissances qui forment l'homme et le citoyen.

Ces petites publications coûteront 10, 20, 30, 40 et 50 centimes, selon le nombre de feuilles de 32 pages, et celui des gravures qui serviront à l'explication du texte.

VIE

DE

FRANKLIN

S'il est un homme qui, par la pureté et l'excellence de sa vie, ait mérité d'être proposé en exemple aux autres hommes, c'est assurément Benjamin Franklin. Ce ne fut pas un de ces génies extraordinaires qui passent sur le monde comme un orage sur la terre, laissant après eux presque autant de ruines que de bienfaits, dont une sévère raison pourrait contester les services, tant l'humanité les a chèrement payés, et dont la prodigieuse élévation, bien faite pour décourager les modestes ambitions, ne saurait tenter que les esprits téméraires et aventureux. Aux hommes qni eurent commerce avec lui, au pays qu'il a servi, Franklin n'a laissé que de doux et honorables souvenirs, et son exemple ne peut désespérer personne, parce que chacun, dans sa sphère et dans la mesure de ses forces, peut le prendre pour modèle, sans prétendre à l'égaler, soit que l'on considère en lui l'homme privé et l'industriel, soit que l'on regarde le savant et le citoyen. Sa vie, en effet, peut se résumer en ces simples mots : probité, droiture, dévouement, devise qui convient à tous les hommes et à toutes les conditions.

Parmi une troupe d'émigrants qui quitta l'Angleterre à la fin du règne de Charles II, vers 1682, pour fuir la persécution religieuse, se trouvait un homme du Northampton, appelé Josiah Franklin, accompagné de sa femme et de trois enfants. Il était teinturier en étoffes de soie. Ces émigrants vinrent dans la ville naissante de Boston, faisant partie de la colonie de Massachussets, fondée en 1628.

Dans une colonie toute nouvelle, formée presque exclusivement d'hommes habitués à vivre du produit de leur travail, il ne pouvait y avoir beaucoup de luxe : à peine trouvait-on le nécessaire. Aussi, Josiah Franklin dut-il renoncer à l'exercice de son ancienne profession. Il se fit fabricant de chandelles et trouva dans ce commerce assez de ressources pour subvenir aux besoins de sa famille qui s'accrut bientôt. Sa femme, en effet, lui donna encore quatre enfants. Il eut la douleur de la perdre et, comme il ne pouvait suffire à surveiller sa jeune famille et son commerce, il songea à se remarier et épousa Abiah Folgier qui le rendit père de dix autres enfants. Benjamin Franklin fut le huitième de ceux-ci et le dernier des fils de Josiah ; il naquit le 17 janvier 1706.

On comprend que la situation personnelle de Josiah ne lui eût pas permis de donner à ses enfants une brillante éducation. Benjamin Franklin ne passa qu'une année à l'école, et reçut ensuite pendant quelque temps des leçons d'arithmétique et d'écriture. Heureusement, à défaut d'une instruction qu'il sut perfectionner plus tard, il apprit dans la maison paternelle l'honnêteté, le goût du travail, la droiture de l'esprit et du cœur. Cette simple et saine éducation fructifia chez lui par l'exemple constant que lui donnaient son père et sa mère qu'il eut le bonheur de conserver longtemps· : Josiah vécut jusqu'à l'âge de 89 ans, et Abiah Folgier parvint à celui de 84. Avec leurs bons sentiments, ils léguèrent à Benjamin ce germe de longévité.

Depuis dix ans jusqu'à douze, Benjamin fut employé à la fabrication des chandelles chez son père. Sans trouver cette position au-dessous de soi, il ne se sentit pas de goût pour s'y livrer. Le spectacle de la mer lui avait inspiré le désir de devenir marin. Josiah ne se souciait pas de voir son fils embrasser une carrière si périlleuse. Pour reconnaître la vocation de l'enfant, il l'essaya dans divers ateliers de maçons, tourneurs, menuisiers, etc. Benjamin y apprit à se servir des outils de ces différents métiers avec assez d'adresse, mais son inclination l'entraînait ailleurs. Enfin son père le décida à entrer comme apprenti chez Samuel Franklin, leur cousin, coutelier à Boston. Benjamin y consentit ; mais quand il s'agit de régler les conditions de l'apprentissage, le prix demandé par Samuel se trouva trop élevé pour Josiah, et il fallut renoncer à ce projet.

Le goût de Benjamin se partageait entre la mer et la lecture. Ce fut un indice pour Josiah. Il avait envoyé à Londres un de ses fils, James Franklin, apprendre la profession d'imprimeur. Au bout d'une année, James était revenu à Boston, avec une presse et des caractères. Ce fut chez lui que, en 1718, Josiah plaça Benjamin, qui devait donner huit années de son temps, en

échange de la nourriture, et recevoir, la neu-
vième année, le salaire d'un ouvrier.

Le choix du père se trouva merveilleusement
d'accord avec l'aptitude particulière de l'enfant.
Benjamin acquit, en peu de temps, une grande
habileté. Il donnait le jour au travail de l'imprimerie, la nuit à ses études personnelles qui
s'étendirent de la grammaire à la philosophie.

Deux ouvrages surtout exercèrent sur son
esprit une grande influence; le premier est
d'un grand écrivain de l'antiquité, *les Entretiens
de Socrate*, par Xénophon ; l'autre d'un grand
écrivain français, *les Lettres provinciales*, de
Pascal. Il apprit là à se former au raisonne-
ment, à joindre le bon sens et la grâce à la
vigueur.

Toutefois, la science qu'il acquit dans les livres ne préserva pas Benjamin de quelques-uns
de ces écarts que l'expérience seule de la vie et
la réflexion apprennent à éviter. James était
parfois dur et brutal; il ne tenait pas assez compte
des services que lui rendait son jeune frère et
qui n'étaient pas seulement ceux d'un ouvrier.
Vers 1721, James avait entrepris la publication
d'un journal auquel Benjamin prenait part en
qualité de porteur. Le jeune homme crut pouvoir aspirer à un rôle plus relevé Quelques articles envoyés par lui, *incognito*, ayant été im-
primés et goûtés du public, il se fit connaître
et fut admis parmi les collaborateurs habituels
du journal. Un de ses articles fut poursuivi et
valut à James un mois de prison et la suppres-
sion du journal.

Les deux frères convinrent de faire reparaître
le journal sous le nom de Benjamin. Il fallut,
pour cela, rompre le contrat légal d'apprentis-

sage et en faire un nouveau qui dut être tenu secret. Une querelle ayant, plus tard, éclaté entre les deux frères, Benjamin se sépara de James, pensant bien que celui-ci n'oserait pas invoquer le nouveau contrat. Josiah et James, irrités de ce procédé déloyal, empêchèrent Benjamin de trouver du travail à Boston.

A son premier tort, Benjamin en ajouta un second ; il quitta Boston et sa famille secrètement, sans un mot d'adieu, sans dire où il allait. Il se rendit à New-York où il ne trouva pas d'ouvrage parce que, livres et papier, tout venait encore de la métropole. Benjamin partit pour Philadelphie où il arriva fatigué, malade et à peu près sans argent. Cette ville ne possédait qu'une mauvaise imprimerie appartenant à un nommé Keimer, qui consentit à employer le jeune fugitif. Benjamin fit si bien que le gouverneur de la colonie, William Keith, désira le voir devenir imprimeur de la province, et se chargea d'écrire au père Franklin pour l'engager à faire les avances nécessaires. Porteur de cette lettre, pourvu d'une somme assez ronde acquise par son travail, Benjamin revint auprès de sa famille dont il fut bien accueilli. Mais Josiah refusa toute avance, autant par impossibilité de trouver assez de fonds que par défiance de la capacité de son fils.

Si la capacité ne manquait pas à Benjamin, la prudence au moins lui faisait encore défaut. Ayant reçu d'un de ses camarades une somme d'argent en dépôt, il eut la faiblesse d'en disposer pour aider quelques amis. Heureusement le dépositaire laissa passer le terme de la restitution sans réclamer son argent, et ne le redemanda qu'à une époque où Franklin se trouva en mesure de le satisfaire.

Revenu à Philadelphie, Benjamin conta son insuccès au gouverneur. Celui-ci, qui tenait à ses projets, se décida à faire lui-même l'avance des fonds, et envoya le jeune imprimeur à Londres pour y acquérir les objets nécessaires. Ce voyage fut pour Benjamin l'occasion d'une nouvelle faute. Il avait connu à Philadelphie une jeune fille, miss Read, pour laquelle il conçut une affection qui devint réciproque. Il aurait désiré l'épouser avant de partir pour Londres, mais la mère de miss Read, les trouvant tous deux trop jeunes, remit le mariage à l'époque du retour de Benjamin.

Malheureusement Franklin ne trouva pas à Londres les facilités et le crédit que W. Keith lui avait fait espérer. Loin de pouvoir y acheter le matériel qui devait le rendre chef d'une imprimerie, il fut obligé de se faire ouvrier, et resta à Londres près de deux ans, pendant lesquels il ne donna pas une seule fois de ses nouvelles à miss Read.

Le désappointement qu'il avait éprouvé à Londres, joint à quelques autres mésaventures, fit réfléchir Benjamin et l'amena à se tracer une règle de conduite dont il eut la sagesse et la force de ne plus s'écarter.

Ces fautes, que nous avons rappelées pour faire connaître l'homme tout entier, l'histoire les ignorerait peut-être si Franklin ne les eût lui-même rapportées dans ses *Mémoires*, où il a consigné par quels moyens il parvint à se préserver de retomber en de semblables erreurs.

« Je désirais, dit Franklin, vivre sans com-

« mettre une faute dans aucun temps, et me
« corriger de toutes celles dans lesquelles un
« penchant naturel, l'habitude ou la société
« pouvaient m'entraîner. » Pour combattre l'influence du penchant naturel et de l'habitude, il
comprit la nécessité de se créer une règle et de
se faire une étude constante de s'y conformer.
Il détermina, définit les qualités qu'il reconnut
indispensables à l'exécution de son projet et les
classa dans l'ordre et sous les noms suivants :
*Tempérance, Silence, Ordre, Résolution, Fruga-
lité, Industrie, Sincérité, Justice, Modération,
Propreté, Tranquillité, Chasteté, Humilité.*

Sa règle morale ainsi établie, Franklin ima-
gina un moyen tout matériel pour se contrain-
dre à l'observer exactement. Il inscrivit, dans
l'ordre ci-dessus indiqué, sur un petit livret, et
s'imposa la loi d'observer plus particulière-
ment, tour à tour, pendant une semaine, les
qualités qu'il s'était proposé d'acquérir. Chaque
jour, il marquait par des croix les infractions
qu'il croyait avoir commises à sa règle. Il
suivit cette méthode pendant plusieurs années
avec une fermeté et une persévérance qui ne se
démentirent point.

« Il était sobre, il devint tempérant; il était
« laborieux, il devint infatigable; il était bien-
« veillant, il devint juste; il était fin, il devint
« droit; il était intelligent, il devint savant.
« Depuis lors, il se montra toujours sensé, ré-
« fléchi, véridique, discret; il n'entreprit rien
« avant d'y avoir fortement pensé, et n'hésita
« jamais dans ce qu'il avait à faire. Sa fougue
« naturelle se changea en patience calculée; il
« réduisit sa causticité piquante en une gaîté
« agréable qui se porta sur les choses et n'of-

« fensa point les personnes. Ce qu'il y avait de
« ruse dans son caractère se contint dans les
« bornes d'une utile sagacité; il pénétra les
« hommes et ne les trompa point; il parvint à
« les servir en empêchant qu'ils pussent lui
« nuire (1). »

A la fin de 1726, Benjamin Franklin quitta
l'Angleterre pour retourner à Philadelphie. Il
fut quelque temps employé par un commerçant
du nom de Denham; mais celui-ci étant mort,
Benjamin rentra, comme ouvrier, chez son ancien patron, l'imprimeur Keimer. Il n'eut pas
à s'en louer. Keimer, après l'avoir assez bien
payé pour l'instruction de trois apprentis, le
querella quand il crut ses apprentis assez ins-
truits et le renvoya. Ce mauvais procédé ne pro-
fita point à Keimer. En effet, la colonie de New-
Jersey ayant décrété la création d'un papier
monnaie, chargea Keimer d'en exécuter la
planche. Keimer était incapable d'un tel travail; mais il savait Franklin aussi bon graveur
qu'habile imprimeur : il lui fit proposer de rentrer chez lui et de graver la planche.

Franklin ne se laissa pas séduire par les
avances de son ancien patron. Il ne voulut
point rentrer chez Keimer, car il avait déjà
d'autres engagements pris. Mais il consentit à se
charger de l'exécution de la planche. Ce travail
le mit en relation avec plusieurs des principaux
personnages de la province dont il gagna l'estime par ses talents, et l'amitié par son caractère.
« Je prévois, lui dit Isaac Detow, inspecteur général de New-Jersey, que vous ne tarderez pas à
succéder à toutes les affaires de Keimer et que

(1) MIGNET, *Vie de Franklin.*

vous ferez votre fortune à Philadelphie dans ce métier. »

C'était avec un des apprentis de Keimer que Franklin avait pris des engagements. Cet apprenti, Hugues Mérédith, devait, après le terme de son apprentissage, s'associer à Franklin ; Mérédith fournissant les fonds et Franklin son habileté, ils avaient projeté de monter en commun une imprimerie. Ce projet fut réalisé en 1728. On fit venir d'Angleterre le matériel qui coûta 4,800 fr. Les deux associés louèrent, moyennant 576 fr. par an, à Philadelphie, une maison dont ils sous-louèrent une partie à un vitrier nommé Thomas Godfrey, chez qui Franklin se mit en pension pour sa nourriture. Philadelphie n'était pas encore une grande ville et il y avait déjà deux imprimeries. Franklin comprit que le succès ne pouvait être obtenu que par un travail opiniâtre et une application constante à perfectionner les produits qui devaient sortir de ses ateliers. Il se voua tout entier à cette double tâche, se refusant toute dépense non indispensable, tout loisir pris sur le temps du travail, toute distraction pouvant nuire à ses affaires ; payant régulièrement ses ouvriers et ses fournisseurs, ponctuel dans ses engagements, Franklin acquit bientôt la confiance du public et l'estime générale.

Cette vie austère ne convenait point aux goûts de Mérédith. Il ne tarda pas à se fatiguer du métier et offrit de céder ses droits à Franklin. Celui-ci accepta et demeura seul maître de l'imprimerie. Sa supériorité sur ses deux confrères fut si bien reconnue, que l'assemblée de la province retira au premier la publication des actes officiels et que le second dut quitter Philadelphie.

Depuis lors, le succès de Franklin ne fit que grandir, et sa maison s'accrut rapidement. L'Amérique n'avait alors ni journaux, ni almanachs, ni papeterie. Ses gazettes n'étaient que la réimpression de celles de l'Europe, les almanachs et le papier étaient importés d'Angleterre. Franklin reprit l'essai qu'il avait autrefois tenté avec son frère, et fonda un journal où il discuta les intérêts de la colonie et entreprit de faire l'éducation politique de ses concitoyens. Il publia, à partir de 1732, un almanach qui est devenu célèbre sous le nom de *Bonhomme Richard*, et dans lequel il donnait des notions de morale, d'hygiène pratique, d'économie domestique à l'usage des habitants de la campagne. Enfin, il établit une fabrique de papier, et par ces trois créations successives il commença l'affranchissement intellectuel de sa patrie, dont il devait, cinquante ans plus tard, avoir le bonheur et la gloire de consommer l'affranchissement politique.

Le commerce de Franklin prospérait. Mais Franklin ne cherchait pas dans l'industrie la source d'une fortune égoïste. Associant sa patrie à ses propres bénéfices; quand il avait formé un bon ouvrier, il l'envoyait dans quelque ville dépourvue d'imprimerie, lui fournissait le matériel et formait avec lui, pendant six ans, une société où il se réservait un tiers des bénéfices. Il fonda ainsi plusieurs imprimeries, et, il faut le dire, à l'honneur de sa sagacité comme à celui de la probité de ses élèves, jamais sa confiance ne fut trompée.

Parvenu à l'aisance, Franklin eut à cœur de

réparer les fautes que nous avons rappelées. La somme qu'autrefois il avait reçue en dépôt d'un de ses camarades, et dont il avait disposé, il la restitua avec les intérêts. Il s'était réconcilié avec son frère James; il voulut, pour réparer ses torts passés, se charger de l'éducation du fils de ce frère. Après avoir fait de son neveu un bon ouvrier imprimeur; il lui donna une collection complète de caractères neufs. Enfin, en 1730, il épousa la jeune fille qu'il avait abandonnée en partant pour Londres, et qui, pendant son absence, avait contracté une première union où elle n'avait trouvé que chagrins et malheur. En miss Read, Franklin eut une compagne digne de lui; pendant cinquante ans qu'ils vécurent ensemble, elle partagea ses travaux, s'associa à toutes ses bonnes œuvres, fut de moitié dans tous ses dévouements.

A l'âge de quarante-deux ans, Franklin avait acquis une fortune qu'il jugea suffisante; il céda alors son imprimerie à David Halle, et renonça à l'industrie et au commerce, non pas pour s'abandonner à un stérile repos, mais pour se livrer à de nouveaux travaux par lesquels il devait mériter l'estime et l'admiration non seulement de ses concitoyens, mais des hommes de toutes nations et de tous les temps.

Dès 1727, Franklin avait fondé, très modestement, à Philadelphie, un cercle où se réunissaient quelques amis, ouvriers comme lui; et où l'on s'occupait de discussions sur la morale, la philosophie et la politique. Cette réunion ayant acquis quelque notoriété, le nombre des membres augmenta, puis il se forma, sur le même plan, d'autres réunions qui étaient affiliées à la première. L'exemple s'étendit au dehors de Philadelphie et se propagea dans les diverses colonies anglaises avec plein succès. L'influence de Franklin fut grande sur ces réunions. Il s'en servit pour provoquer des souscriptions destinées à fonder des bibliothèques publiques et des établissements pour l'éducation des enfants. L'école de Philadelphie fut organisée et réglementée par Franklin qui l'administra pendant quarante années.

Franklin provoqua des souscriptions dont le produit fut employé à des établissements ou à des améliorations que les ressources financières de la ville n'eussent pas permis d'entreprendre. C'est ainsi que Philadelphie fut dotée d'un hôpital; que ses rues furent pavées, éclairées; qu'il s'y forma une garde soldée pour la sûreté publique et une compagnie de pompiers. Franklin fut également le créateur d'associations de secours et de tontines pour les ouvriers; il s'occupa avec zèle aussi de l'assistance à donner aux infirmes et aux vieillards.

Franklin avait appris le français, l'italien, l'espagnol, le latin; il avait accru ses connaissances par la lecture de bons ouvrages écrits dans ces diverses langues. Doué d'un esprit observateur et réfléchi, il avait, dans ses voyages, fait plus d'une découverte utile à la navigation ou à la science. On lui doit l'invention de l'instrument appelé *harmonica*, et des cheminées *à la Franklin*, nommées communément *à la prussienne*.

Une découverte bien plus importante au point de vue scientifique et pratique, est celle de la nature de la foudre et des lois de l'électricité, qui, seule, rendrait immortel le nom de Franklin.

Les savants avaient remarqué dans certains corps la propriété d'en attirer ou d'en repousser d'autres, et la faculté de communiquer cette propriété sans la perdre eux-mêmes. Mais on ignorait que cette force fût celle qui produit la foudre. On l'appelait *électricité* parce qu'elle existe à un haut degré dans l'ambre dont le nom grec est *elektron*. On était parvenu à diriger plus ou moins habilement l'électricité; mais elle ne servait encore qu'à des expériences de physique, sans application pratique, et dont on ne possédait pas toujours une explication satisfaisante.

Franklin avait vu à Boston, en 1746, quelques-unes de ces expériences. Revenu à Philadelphie, il s'occupa de les reproduire lui-même. Il y réussit et parvint en faire de nouvelles au moyen d'instruments dont il fut tout à la fois l'inventeur et le constructeur. Il reconnut que l'électricité était répandue, en quantité différente, dans tous les corps, qu'elle quittait ceux où elle est en moins pour s'accumuler dans ceux où elle est en plus, et que l'équilibre ainsi rompu entre les uns et les autres se rétablit par un effet brusque et rapide produisant une étincelle accompagnée de bruit.

La couleur, le mouvement, le bruit et l'action de cette étincelle, étudiés avec soin, conduisirent Franklin à penser que cette matière mystérieuse et étrange pouvait être la même qui, existant en quantités énormes dans l'air et dans les nuages, se manifeste par ces lueurs rapides appelées éclairs, par ces détonations formidables nommées tonnerre, et dont les effets sont si terribles, si inexplicables. Il fallait vérifier cette supposition par une démonstration. La première pensée de Franklin fut d'aller chercher l'électricité au sein des nuages avec des tiges de fer. Il reconnut bien vite que la chose était impraticable. Il employa alors un moyen plus compliqué, mais d'une exécution plus facile. Ce fut un cerf-volant construit de manière à attirer et concentrer sur un morceau de fer une grande quantité d'électricité. Cet appareil terminé, Franklin le lance un jour d'orage. L'opération réussit et faillit même être périlleuse pour l'expérimentateur qui fut presque renversé par la commotion électrique. Mais Franklin ne fit point attention au danger en présence du résultat obtenu. En effet, le problème était résolu : l'identité de la foudre et de l'électricité était prouvée.

Cette grande découverte, faite au mois de juin 1752, eut un retentissement immense, mais, dès l'abord, trouva, comme c'est l'ordinaire, beaucoup d'incrédules. Des expériences répétées dans tous les centres scientifiques ne tardèrent point à confirmer les résultats annoncés par Franklin, et le savant américain se vit en possession d'une renommée éclatante autant que légitime.

Franklin était un esprit net et précis qui ne se contentait point de résultats théoriques. Il fit immédiatement une application pratique de sa découverte par l'invention du paratonnerre qui, en soutirant le fluide électrique et le conduisant au sein de la terre, préserve les édifices des ravages de la foudre.

L'industrie et la science n'avaient pas seules occupé la vie de Franklin; il avait accepté sa part dans les charges que le gouvernement des colonies imposait à leurs citoyens. En 1736, il avait été nommé secrétaire de l'Assemblée législative de la province de Pensylvanie. En 1737, il fut délégué, dans cette même province, par le Directeur général des postes, à qui il succéda en 1753. Ces importantes fonctions lui donnèrent occasion de rendre de grands services à l'Amérique anglaise en exécutant des améliorations qui facilitèrent les relations des citoyens entre eux et propagèrent activement l'instruction et la civilisation. Il parvint ainsi à tripler, en peu d'années, le revenu des postes. Franklin fut successivement appelé à diverses charges municipales ou de magistrature, et enfin nommé membre de l'Assemblée législative de Pensylvanie.

Franklin acquit promptement une influence décisive sur les délibérations de l'Assemblée. Ce ne fut pas seulement pour les mesures d'ordre intérieur et pendant la paix qu'il exerça cette influence. Il sut aussi la faire servir à la défense militaire de sa patrie quand la métropole entraîna les colonies dans les guerres qui s'élevèrent entre l'Angleterre et la France, d'abord en 1742, puis en 1754. Dans la première, Franklin organisa un corps de dix mille volontaires, et négocia un traité avec les tribus indiennes pour défendre les frontières des colonies contre les attaques des Français qui étaient alors maîtres du Canada.

Dans la seconde guerre, il créa des moyens de transport pour les vivres des troupes anglaises, établit une ligne de forts sur la frontière, et, capitaine en même temps qu'ingénieur, commanda un détachement de cinq cents hommes. Outre les sommes dont il obtint l'allocation de l'Assemblée législative, il fit, sur ses biens personnels, une avance de 500,000 fr. Pendant cette guerre, qui ne fut ni sans fatigues ni sans danger, Franklin se trouva rapproché d'un jeune officier américain qui devait bientôt acquérir une grande célébrité, Georges Washington. C'était en défendant les colonies anglaises contre l'étranger qu'ils apprenaient à défendre plus tard les colonies contre l'Angleterre elle même. Durant le cours de cette guerre, les diverses provinces songèrent à former entre elles une union destinée à rendre plus facile et plus sûre la défense commune. Franklin présenta un plan d'organisation comprenant un *président* nommé et payé par la métropole, assisté d'un *grand conseil* choisi par les assemblées provinciales. Ce plan, voté par le congrès d'Albany, ne fut point exécuté. Le gouvernement anglais le trouva trop démocratique et les assemblées provinciales redoutèrent l'autorité du président. Mais Franklin avait compris du premier coup l'institution qui convenait à sa patrie, et le plan d'Albany fut celui qu'adopta, vingt ans après, la République américaine, sauf quelques modifications.

Au retour de la campagne, en 1756, Franklin fut nommé colonel par le régiment de Philadelphie, dont il avait refusé le commandement en 1742. C'était un beau corps de douze cents hommes, ardents et bien équipés. Mais, la paix conclue, le gouvernement de la métropole, oublieux des services rendus par les milices coloniales, licencia ces milices et envoya en Amérique des troupes anglaises. En échange, il demanda de l'argent aux colonies par des taxes nouvelles.

L'établissement de ces taxes amena un conflit entre la Pensylvanie et le gouverneur anglais, à l'occasion de certains propriétaires qui prétendaient être affranchis de l'impôt. Les représentants de la Pensylvanie chargèrent Franklin d'aller à Londres pour soumettre la question au gouvernement royal. Franklin partit dans l'année 1757 et réussit à terminer la difficulté par une transaction avantageuse à la colonie. Ce succès lui fit grand honneur et lui valut d'être chargé, par plusieurs autres provinces, de défendre leurs intérêts.

Franklin mit à profit son séjour à Londres pour rendre différents services à l'Amérique. Ce fut lui qui, dans l'intérêt de la sûreté des colonies, conseilla au gouvernemeut anglais de s'emparer du Canada, et amena ainsi la cession de ce pays, consentie par la France en 1763. Ce fut un événement dommageable pour la France; mais Franklin était citoyen anglais, et nous ne saurions le blâmer d'avoir, même à nos dépens, voulu la grandeur et la sécurité de sa patrie.

Franklin revint à Philadelphie en 1762. L'Assemblée de Pensylvanie lui adressa des remerciments publics, et lui vota une somme de 120,000 fr., tant pour l'indemniser des dépenses occasionnées par le voyage d'Angleterre, que pour reconnaître les services qu'il avait rendus à la province.

Les propriétaires dont Franklin avait fait céder les intérêts particuliers devant l'intérêt général, lui gardaient rancune de leur défaite. Ils trouvèrent l'occasion de se venger lorsqu'en

1764 s'ouvrirent de nouvelles élections pour l'Assemblée de Pensylvanie. Ils réussirent à faire échouer la candidature de Franklin, mais ils ne purent empêcher la nouvelle Assemblée de l'envoyer à Londres comme agent officiel de la colonie. Cette délégation devait prendre une importance que personne assurément ne pouvait encore prévoir.

Les grandes institutions politiques qui gouvernaient alors et gouvernent encore l'Angleterre, avaient été importées sur la terre américaine par les émigrés qui fuyaient non les lois de leur patrie, mais une administration persécutrice. Les colonies anglaises s'étaient organisées à l'instar de la métropole, et n'avaient même pas songé à décliner l'autorité de la royauté anglaise. Chaque colonie formait un centre distinct, où l'on retrouvait ces grandes institutions mêlées à certaines modifications de détail qu'avaient produites les différences de climat, de population, de travaux.

Il y avait dans chacune des colonies une Assemblée élue qui décrétait les impôts nécessaires à l'État, faisait les lois et votait librement les subsides demandés par la métropole. Outre les sommes ainsi consenties, l'Angleterre tirait des colonies un revenu immense par le commerce qui leur fournissait tous les objets manufacturés, car les Anglo-américains étaient alors presque exclusivement cultivateurs.

Les guerres où l'Angleterre avait pris part dans le courant du xviiie siècle, avaient gravement embarrassé ses finances. Pour les rétablir, elle eut recours à des mesures fiscales dont quelques-unes causèrent en Amérique un assez vif mécontentement. Cette disposition hostile fut

portée au comble lorsque, en 1764 et 1765, lord
Grenville fit adopter par le Parlement d'Angleterre, où les colonies n'avaient aucun représentant, l'*acte du timbre* qui obligeait les Américains
à n'employer pour toutes leurs transactions
commerciales et civiles que du papier timbré en
Angleterre.

Une explosion terrible accueillit en Amérique
cette loi imprudente. Les Assemblées coloniales
interdirent la vente et l'usage du papier timbré;
la population s'empara des caisses où on l'avait
apporté, les brisa, les brûla. Un congrès, formé
de députés de toutes les colonies, se réunit, le
7 octobre 1765, à New-York, et se déclara résolu à défendre ses libertés. Enfin, les colons
s'engagèrent tous à s'abstenir de marchandises
anglaises et à rompre toute relation commer-
ciale avec l'Angleterre.

Le gouvernement métropolitain, cédant au
mouvement qui éclatait dans les colonies et aux
conseils de Franklin, eut la sagesse de révo-
quer l'acte du timbre. Mais il ne sut point rester
longtemps prudent et, en 1769, le Parlement
d'Angleterre soumit à une taxe plusieurs des
objets de consommation que les Américains ti-
raient de leur mère patrie, notamment le thé.

La colère se réveilla chez les colonies. L'Assemblée de l'État des Massachussets, ayant pro-
voqué le rétablissement de la ligue coloniale
contre les denrées anglaises, fut dissoute; elle
convoqua aussitôt une assemblée extraordinaire
sous le titre de *Convention*. Il y eut combat et
effusion de sang à Boston. Mais la ligue fut
signée partout, et partout scrupuleusement ob-
servée.

Le ministère anglais révoqua les nouvelles

taxes, sauf celle du thé, ce qui n'amena qu'une pacification incomplète. L'irritation se ranima lorsqu'en 1772 le gouvernement manifesta l'intention de mettre sous sa dépendance absolue les magistrats coloniaux.

Franklin ne se dissimulait pas que la rupture entre la métropole et les colonies était imminente, inévitable, que l'Amérique serait entraînée à vouloir s'affranchir complétement, et que l'indépendance ne s'achèterait qu'au prix des plus longs, des plus persévérants efforts, des sacrifices les plus pénibles : il ne doutait point du résultat. Néanmoins, il fit tout ce qui dépendait de lui pour faire comprendre à l'Angleterre la grandeur du péril, pour épargner à ses deux patries un cruel déchirement. On ne l'écouta point; bien plus, on le fit publiquement, officiellement insulter devant un tribunal par un avocat; on le destitua de ses fonctions de directeur général des postes.

Les événements ne tardèrent pas à se précipiter.

En 1774, Boston jeta à la mer des caisses de thé expédiées d'Angleterre. Le Parlement en prit prétexte pour ordonner le blocus de Boston et décréter des mesures extrêmes contre les colonies.

L'Amérique se disposa à la résistance. Cependant, confiante en la justice de sa cause, elle voulut, une dernière fois, faire appel à l'équité de la métropole. Un congrès général, réuni le 5 septembre 1774, à Philadelphie, publia une *déclaration des droits* des colons, rédigea une pétition au roi d'Angleterre, une adresse au peuple anglais et une proclamation aux colonies. Ces divers actes, empreints d'un sentiment de grandeur et de dignité, furent expédiés à Franklin qui les porta à la connaissance de l'Angleterre. Il présenta, en outre, au Parlement une note contenant les conditions auxquelles les colonies consentiraient à rentrer sous la domination de la métropole. Malgré les démarches conciliantes de Franklin, malgré la parole si longtemps souveraine de lord Chatam, le Ministère et le Parlement persistèrent dans leurs résolutions précédentes. De nouvelles troupes furent embarquées pour aller châtier les rebelles. La guerre de l'indépendance commençait pour l'Amérique.

Franklin n'avait plus rien à faire à Londres; il savait d'ailleurs qu'on se proposait de l'arrêter comme instigateur de la révolte. Il prévint ses ennemis, s'embarqua le 22 mars 1775, et au bout de six semaines rentra dans sa patrie où il fut accueilli avec autant de respect que de reconnaissance.

La Pensylvanie le nomma assitôt membre du second congrès qui s'ouvrit à Philadelphie, le 10 mai 1775.

Les hostilités étaient commencées. A l'unanimité le congrès décréta la mise des colonies en état de défense et décerna le commandement suprême à Georges Washington.

Autant Franklin avait montré de patience dans les négociations pour le maintien de la paix, autant, une fois l'épée tirée, il déploya d'activité et d'énergie pour soutenir la guerre. L'Angleterre ayant déclaré les colonies *hors de la paix du roi et de la protection de la couronne*, Franklin n'hésita point à conseiller à ses concitoyens de répondre à cet acte extrême par une déclaration d'indépendance. Le 4 juillet

1776, sur le rapport d'une commission dont Franklin était membre, le congrès américain déclara que les treize colonies anglaises se séparaient complètement de la Grande-Bretagne et formaient désormais une confédération libre et indépendante sous le nom d'*États-Unis* d'Amérique.

« Nous croyons, disait la déclaration, et cette
« vérité porte son évidence en soi-même, que
« tous les hommes sont nés égaux, qu'ils ont
« tous été dotés par le créateur de certains
« droits inaliénables ; qu'au nombre de ces
« droits sont la vie, la liberté et la recherche
« du bien-être ; que pour assurer ces droits, il
« s'est établi parmi les hommes des gouverne-
« ments qui tirent leur légitime autorité du
« consentement des gouvernés ; que toutes les
« fois qu'une forme de gouvernement devient
« contraire à ces fins-là, un peuple a le droit de
« la modifier ou de l'abolir et d'instituer un
« gouvernement nouveau fondé sur de tels
« principes, et si bien ordonné qu'il puisse
« mieux lui garantir sa sécurité et assurer son
« bonheur. »

La déclaration d'indépendance fut reçue avec transport par les treize colonies ; chacune d'elles élut une *Convention* qui eut pour mission de consommer la séparation et d'organiser le gouvernement intérieur de chaque État. La Convention de Pensylvanie nomma pour son président Franklin, et le chargea de préparer une Constitution. Franklin donna à son pays une assemblée unique et délégua le pouvoir exécutif à deux citoyens.

Avant de s'engager davantage dans la lutte, l'Angleterre fit encore offrir la paix aux insurgés; mais, en échange de la soumission qu'on lui demandait, on ne leur offrit que de vagues promesses. Le congrès délégua Franklin et deux de ses collègues pour conférer avec les commissaires anglais, et, sur le rapport de ces trois citoyens, il déclara, le 19 septembre 1776, que la Grande-Bretagne n'avait plus qu'à traiter avec les Américains comme avec les autres peuples libres.

Ce n'est pas ici le lieu de raconter les vicissitudes de la guerre de l'indépendance. Il suffira d'en indiquer les circonstances qui se rapportent à la part que prit Franklin aux événements.

Les premières opérations ne furent pas favorables aux Américains, pleins d'ardeur, il est vrai, mais peu expérimentés, peu pourvus d'armes et de munitions, et mal préparés à la guerre.

Le Congrès ne désespéra point, mais il jugea nécessaire de chercher un appui parmi les nations indépendantes et puissantes. Il songea naturellement à la France, nation renommée entre toutes par sa sympathie pour les opprimés, par son amour pour la liberté, et d'ailleurs rivale séculaire de l'Angleterre. Ce fut encore à Franklin que l'Amérique confia cette négociation difficile qui devait être décisive pour le sort des colonies.

Franklin partit de Philadelphie, avec ses deux petits-fils, le 28 octobre 1776, et débarqua en France le 3 décembre. Son arrivée à Paris produisit une grande sensation. La France entière avait pris intérêt à la lutte des Américains contre l'Angleterre. La vue de Franklin, la simplicité de son costume, l'aménité de son caractère, le charme de son esprit, l'éclat de sa réputation, redoublèrent la sympathie pour la cause des colonies.

Le gouvernement français ne se décida pas, de prime abord, à entrer en guerre avec l'Angleterre. Mais il accorda aux Américains des secours en argent, toléra l'enrôlement de nombreux volontaires pour l'Amérique ainsi que des envois d'armes, et la vente en France des prises faites par les corsaires des États-Unis.

Franklin avait fixé sa résidence à Passy, près Paris. Il ne négligeait aucun moyen pour entretenir, en faveur de ses concitoyens, l'intérêt de la France. Il négociait, en outre, avec l'Espagne, la Hollande et la Prusse. Enfin, de meilleures nouvelles étant arrivées du théâtre de la guerre, Franklin redoubla d'efforts et, le 6 février 1777, il obtint la signature d'un traité de commerce et d'alliance entre la France et les États-Unis de l'Amérique. Il avait lieu d'espérer, en outre, que l'Espagne accéderait prochainement à ce traité.

Dès ce moment, Franklin fut officiellement reconnu à la cour de France comme envoyé des États-Unis. Le ministre Vergennes le présenta au roi Louis XVI qui lui fit un accueil empressé. Ce jour-là, Franklin fut à Versailles, de la part du monde officiel et de la population, l'objet d'un enthousiasme inexprimable. C'était le vieillard vénérable, le savant illustre, le grand citoyen que saluaient les acclamations de la foule ; c'était aussi le représentant de ces glorieux principes de liberté et d'égalité dont la France était alors l'ardente propagatrice et que l'insurrection américaine avait revendiqués si hautement et soutenait si héroïquement les armes à la main.

Après la flatteuse réception de Versailles, Franklin eut à Paris un autre et non moins honorable triomphe. Voltaire, âgé de 84 ans venait de rentrer à Paris au milieu d'une admiration sans bornes. Franklin, septuagénaire, vint faire visite à l'illustre écrivain, présente son petit-fils à Voltaire en demandant pour ce jeune homme la bénédiction du philosophe. « Dieu et la liberté, dit Voltaire les mains étendues sur la tête du jeune Franklin, voilà la seule bénédiction qui convienne au petit-fils de M. Franklin. » Quelques jours après, les deux vieillards se rencontrèrent à l'Académie des sciences. Salués par des applaudissements unanimes, ils s'embrassèrent avec une émotion profonde que partagèrent tous les spectateurs. Le génie de la France et celui de l'Amérique scellaient ainsi l'alliance des deux peuples.

Tandis que Franklin conquérait pour sa patrie les sympathies et l'appui de la nation française, les événements militaires prenaient, en Amérique, une tournure plus favorable à la cause de l'indépendance. Le gouvernement anglais eut alors conscience de son imprudence, il essaya d'agir sur Franklin et sur le congrès américain par des offres que quelques années plus tôt on aurait accueillies avec gratitude, mais qui, au point où en étaient venues les choses, furent rejetées sans hésitation comme insuffisantes. C'est en ce moment qu'arriva aux colonies la nouvelle du traité conclu par Franklin (mai 1778). L'Amérique accueillit cette nouvelle avec effusion; le négociateur fut nommé ministre auprès de la cour de France. « Ces traités, lui écrivit le

« Congrès, montrent la politique inspirée par
« la philosophie, et fondent l'harmonie des af-
« fections sur la base des intérêts mutuels. La
« France nous a liés plus fortement par là que
« par aucun traité réservé, et cet acte noble et
« généreux a établi entre nous une éternelle
« amitié. »

L'Angleterre aussitôt déclara la guerre à la
France. La France y était préparée et soutint la
lutte avec énergie, héroïsme et succès. A ses armes, se joignirent celles de l'Espagne, en 1779,
et de la Hollande, en 1780, tandis que la Russie,
la Suède et le Danemark proclamaient contre
l'Angleterre la neutralité armée.

Lafayette, qui combattait en volontaire pour
l'Amérique, revint alors en France afin de pres-
ser les secours dont les colonies avaient besoin.
Joignant ses instances à celles de Franklin, il
obtint, avec des subsides considérables, l'envoi
d'un corps d'armée commandé par le général
Rochambeau. Pendant le séjour de Lafayette en
France, Franklin fut chargé par le congrès de
lui offrir, au nom des Américains, une épée
d'honneur.

Aussi longtemps que dura la guerre de l'indépendance, Franklin resta en France, s'occu-
pant activement soit d'entretenir les bonnes dis-
positions du gouvernement français, soit de préparer des négociations avec la Russie et l'Au-
triche de qui les Américains espéraient l'offre
d'une médiation pour mettre fin à la guerre. Le
grand âge de Franklin lui rendait ses fonctions
fatigantes et il avait demandé son rappel. Mais
le Congrès insista pour qu'il demeurât en France,
la patrie ayant encore besoin de ses services et
n'en pouvant attendre de meilleurs que ceux

d'un homme dont la sagesse et le caractère étaient si universellement honorés. Franklin se rendit à ces objections.

Enfin, au mois d'avril 1782, le ministère qui avait si imprudemment engagé l'Angleterre dans une lutte désastreuse, se retira et céda le pouvoir à une administration désireuse de faire la paix.

Richard Oswald fut envoyé en France pour entamer des négociations avec le cabinet français et avec Franklin, séparément, l'Angleterre ne voulant pas paraître céder aux armes et reconnaître ainsi la supériorité de la France.

Franklin conduisit les négociations avec le sang-froid, la prudence et la droiture dont il avait toujours fait preuve, ne consentant à séparer, en aucun point, les intérêts de l'Amérique de ceux des alliés qui l'avaient si généreusement soutenue.

Les préliminaires de la paix furent signés le 30 novembre 1782 pour l'Amérique, le 20 janvier 1783 pour la France et l'Espagne, le 2 septembre suivant pour la Hollande. Le traité définitif fut conclu le 3 septembre 1783 : l'Angleterre reconnaissait la pleine indépendance et légitime souveraineté des États-Unis. C'était là le fait capital du traité qui déterminait d'ailleurs les limites de la nouvelle nation et les possessions coloniales de ses alliés.

Le traité fut ratifié sans délai par le congrès américain. Les troupes anglaises évacuèrent le territoire des États, et Washington, après avoir licencié ses intrépides volontaires, rentra dans la vie privée, honoré des remerciements publics du Congrès, et entouré de la reconnaissance de ses concitoyens.

La mission de Franklin se prolongea plus que celle du général américain. Il fut chargé de régler les rapports de sa patrie avec les nations européennes ; il conclut ou négocia des traités avec la Suède, la Prusse, le Portugal, le Danemark et l'empire d'Allemagne. Il conserva toujours, au milieu de ses hautes fonctions politiques, la simplicité de mœurs et l'aménité de manières qui rendaient en lui la science attrayante et faisaient oublier le sage et le grand citoyen en ne montrant que l'homme aimable.

En 1785, Franklin fut rappelé aux États-Unis pour y prendre part à l'œuvre de la constitution destinée à la nouvelle République. Il quitta la France le 28 juillet et arriva à Philadelphie le 14 septembre. Il fut reçu par les acclamations de la population, au bruit des cloches, au milieu des bénédictions de ses concitoyens qu'il avait contribué à rendre libres. Il fut nommé successivement membre, puis président de l'assemblée de Pensylvanie, et délégué à la Convention de 1787, chargée, sous la présidence de Washington, d'établir la constitution fédérale.

Fidèle aux principes qu'il avait autrefois fait prévaloir en Pensylvanie, Franklin n'aurait voulu qu'une seule assemblée et un président non rééligible. L'habitude et les traditions nationales l'emportèrent et firent admettre deux assemblées avec la rééligibilité du président. Franklin se soumit à la décision de ses concitoyens et donna son adhésion à la Constitution qui fut votée avec cette formule proposée par lui : *Fait et arrêté d'un consentement unanime.* Cette Constitution est celle qui régit encore aujourd'hui la grande République américaine.

Le peuple ratifia l'œuvre de la Convention,

et, en 1789, Washington fut, à l'unanimité, élu président de la République. Après avoir conduit sa patrie à la conquête de la liberté, ce grand homme eut la gloire et le bonheur de la diriger dans la voie de prospérité et d'éclat où elle s'est maintenue jusqu'ici. Quand Franklin fut arrivé au terme de ses fonctions comme président de l'Assemblée de Pensylvanie, il pensa avoir payé sa dette à la patrie et, âgé de 82 ans, il se retira de la vie publique. Depuis plusieurs années, il souffrait beaucoup d'une maladie cruelle, la pierre, qui se développa de plus en plus et tortura ses dernières années, sans toutefois altérer la sérénité de son esprit et l'élévation de son âme. Au commencement de 1790, il fut atteint d'une pleurésie aiguë, à laquelle il succomba le 17 avril 1790, à onze heures du soir. Il avait, par testament, disposé d'une partie de sa fortune pour des fondations d'utilité publique.

L'Amérique sentit vivement cette grande perte. Le congrès vota un deuil public de deux mois dans tous les États, en l'honneur du citoyen qui avait été le bienfaiteur et le libérateur de sa patrie.

La France s'associa au deuil de l'Amérique. Sur la proposition de Mirabeau, l'Assemblée constituante décréta que ses membres porteraient pendant trois jours le deuil de Franklin.

« Franklin eut tout à la fois le génie et la
« vertu, le bonheur et la gloire. Sa vie, cons-
« tamment heureuse, est la plus belle justifi-
« cation des lois de la providence. Il ne fut
« pas seulement grand, il fut bon ; il ne fut pas
« seulement juste, il fut aimable. Sans cesse
« utile aux autres, d'une sérénité inaltérable,
« enjoué, gracieux, il attirait par les charmes

« de son caractère, il captivait par les agré-
« ments de son esprit. Il parlait comme la sa-
« gesse antique, à laquelle s'ajoutait la délica-
« tesse moderne. Il s'enrichit avec honnêteté;
« il se servit de sa richesse avec bienfaisance;
« il négocia avec droiture; il travailla avec dé-
« vouement à la liberté de son pays et aux pro-
« grès du genre humain.

« Sage plein d'indulgence, grand homme
« plein de simplicité, tant qu'on cultivera la
« science, qu'on admirera le génie, qu'on goû-
« tera l'esprit, qu'on honorera la vertu, qu'on
« voudra la liberté, sa mémoire sera une des
« plus respectées et des plus chéries. Puisse-t-
« il être utile encore par ses exemples après
« l'avoir été par ses actions! Un des bienfaiteurs
« de l'humanité, qu'il reste un de ses modè-
« les (1)!

(1) MIGNET, *Vie de Franklin.*

10628   Imp. Maulde et Renou, r. Bailleul, 9 et 11.

Imp. Maulde et Renou, r. Bailleul.